CATALOGUE

DE BEAUX

OBJETS D'ART

ET DE CURIOSITÉ

DE LA RENAISSANCE ET DES ÉPOQUES LOUIS XIV, LOUIS XV ET LOUIS XVI

Faïences italiennes et françaises; Plats de Bernard Palissy ;
Bijoux; Orfévrerie; Armes; Fers forgés ;
Buste en terre cuite, par Lemoine et belle figure de Bacchante couchée, par MARIN ;
Panneaux et Boiseries; Pendules et Cartels;
Tableaux peints en camaïeu pour dessus de portes; Meubles en bois sculpté;
TRÈS-BELLES TAPISSERIES ;
Panneaux; Écrans ; Portraits ; Beau Tapis oriental.

DONT LA VENTE AURA LIEU

HOTEL DROUOT, SALLE N° 3

Le Lundi 7 Février 1870,

A DEUX HEURES PRÉCISES

Par le ministère de Mᵉ CHARLES PILLET, Commissaire-Priseur,
10, rue Grange-Batelière,
Assisté de M. CHARLES MANNHEIM, Expert, 7, rue Saint-Georges,
Chez lesquels se distribue le présent Catalogue.

Exposition particulière : le Samedi 5 Février 1870
Exposition publique : le Dimanche 6 Février 1870
DE UNE HEURE A CINQ HEURES.

CONDITIONS DE LA VENT..

Elle sera faite au comptant.

Les adjudicataires payeront *cinq pour cent* en sus des enchères.

L'exposition mettant le public à même de se rendre compte de
'état des objets, il ne sera admis aucune réclamation une fois
l'adjudication prononcée.

Paris. — Imp. de PILLET fils aîné, rue des Grands-Augustins, 5.

Notre intention n'est pas de faire une notice au présent catalogue, mais seulement d'attirer l'attention des amateurs sur quelques-uns des objets compris dans cette vente, soit à cause de leur rareté, soit à cause de leur origine.

Nous indiquerons dans les objets en fer forgé :

1° Une garniture complète d'épée de l'époque de Louis XIII, de la plus grande finesse d'exécution. Les sujets moitié champêtres, dans le genre de Téniers, et moitié militaires, sont d'une remarquable conservation : le pommeau surtout peut être regardé comme un chef-d'œuvre de ciselure.

2° Une paire de grands chenets dits Landiers, de la même époque, composés d'enroulements et de petites rosaces d'un beau travail : les potences à charnières sont terminées par des têtes de serpents, et les deux chenets sont réunis par une traverse à fronton d'une grande légèreté d'exécution. Pièce rare par sa conservation.

Dans les tapisseries :

1° Un écran en tapisserie des Gobelins, fond rouge, à fleurs ton sur ton. Le sujet, dessiné par F. Boucher, est un des spécimens les plus heureux de ce maître. Cet objet est d'une remarquable conservation.

2° Un portrait du roi Louis XV, en tapisserie de la Savonnerie, exécuté par M. Duvivier, directeur de cette manufacture, et copié sur le beau tableau de Van Loo, du musée du Louvre. Cet objet, de la plus parfaite conservation, mérite toute l'attention des amateurs, tant par son caractère historique que par sa rareté.

Dans les bois sculptés :

1° Un devant de coffre de mariage en poirier, gravé au trait et représentant un sujet tiré du Roman de la Rose. Très-curieux meuble bourguignon du XIᵉ siècle et dont il n'existe que de rares spécimens. L'un est au musée de Cluny et l'autre fait partie de la collection de M. Ch. Timbal. Ce dernier est décrit dans l'*Art pour tous*, quatrième année, nᵒˢ 116 et 123.

2° Une boiserie de l'époque de Louis XIV, d'une grande finesse d'exécution, et deux beaux panneaux de la même époque semés de fleurs de lys.

3° Une console Louis XIV d'une remarquable composition et d'une grande richesse de détails.

4° Un bois d'écran Louis XV, orné de moulures, autour desquelles s'enroule une guirlande de fleurs d'une exécution remarquable.

Dans les bronzes :

Un grand cartel Louis XVI, en bronze doré, remarquable par la finesse de la ciselure et la conservation du ton de l'or.

Dans les objets divers :

1° Une statuette en terre cuite représentant une bacchante couchée; œuvre très-remarquable signée Marin. Belle conservation.

2° Une reliure de livre en marqueterie d'une grande finesse et ornée de beaux émaux montés en argent ciselé et doré.

3° Une aumônière brodée portant les armes de Bourbon, branche d'Orléans, d'une très-belle conservation.

DÉSIGNATION DES OBJETS

TERRES CUITES

1 — Charmante figure de bacchante couchée, en terre cuite,
par MARIN. Elle provient de la collection de M. Laperlier.

2 — Beau buste de femme en terre cuite, attribué à LEMOINE.
Le piédouche cannelé en marbre griotte.

FAIENCES

3 — Beau plat ovale en ancienne faïence de Bernard Palissy ;
modèle connu sous le nom de : la Belle Jardinière. Il est
émaillé de belles couleurs, et le bord plat est décoré de
rosaces.

4 — Autre joli plat en ancienne faïence de Bernard Palissy,
dont le bord présente huit cavités séparées par des cornes
d'abondance.

5 — Petit plat rond en faïence hispano-mauresque, à décor à reflets métalliques et inscriptions émaillées bleu.

6 — Plat rond en verre violet, à figures et ornements émaillés en couleurs. Travail allemand du XVIe siècle.

7 — Grand et beau groupe en ancienne faïence de Lorraine : Enlèvement d'Hélène; composition de quatre figures.

8 — Plat long en faïence de Moustiers, portant au bord un écusson armorié en camaïeu bleu.

9 — Aiguière, modèle casque, en ancienne faïence de Rouen, à décor en camaïeu bleu.

10 — Joli vase en céladon bleu turquoise, à fleurs et ornements gravés sous émail. Belle qualité.

BIJOUX ET OBJETS VARIÉS

11 — Sucrier Louis XVI, en argent, de forme ronde, à deux anses, avec pilastres repercés à jour reliés par des guirlandes de fleurs. Le bouton du couvercle est formé d'une graine ciselée. Intérieur en verre bleu.

12 — Belle aumônière en velours bleu brodé d'argent et d'or, portant au fond les armes d'Orléans entourées du grand-cordon de l'ordre du Saint-Esprit. Epoque Louis XIV. Cette pièce est remarquable par sa conservation.

13 — Très-belle reliure de livre en écaille, incrustée d'or et

d'argent, et montée en argent gravé, avec fermoirs enrichis d'émaux peints. Epoque Louis XIV. Belle conservation.

14 — Petite boîte ronde en argent, à couvercle repoussé, à figures de génies tenant un écusson armorié. Epoque Louis XIII.

15 — Châtelaine en cailloux du Rhin, montée en argent.

16 — Bijou normand en or à jour et cailloux du Rhin.

17 — Deux agrafes de manteaux en argent.

18 — Deux pendants d'oreilles en cailloux du Rhin, avec montures d'argent.

19 — Cachet en cristal de roche monté en or, à ornements à jour et enrichi de roses. Epoque Louis XV.

20 — Autre cachet en or, enrichi de diamants et de roses. Même époque.

21 — Deux petits vitraux carrés, l'un d'eux à figures et l'autre à blason fleurdelisé.

22 — Deux flambeaux du temps de Louis XV, en argent ciselé, à coquilles et pieds ornés de côtes en spirale et d'oves ciselés.

23 — Deux flambeaux analogues à ceux qui précèdent.

24 — Bougeoir Louis XV, en argent finement ciselé, à feuilles d'eau, fleurs et ornements.

25 — Oliphant en ivoire sculpté dans le style de la Renaissance, décoré de la figure de Diane chasseresse, d'après Jean Goujon, et de jeux d'enfants. Travail moderne très-soigné.

26 — Belle aiguière en émail de Limoges, peinte en grisaille sur fond bleu. Elle représente des sujets bibliques; XVIe siècle.

ARMES ET FERS

27 — Beau casque à oreilles en fer à bandes d'ornements gravés et dorés. Fin XVIe siècle.

28 — Petite hallebarde en fer incrusté de fleurs de lys d'argent. Epoque Louis XIII.

29 — Devant de cuirasse en fer, à bandes d'ornements et figures gravées conservant des traces de dorure; XVIe siècle.

30 — Belle poignée d'épée du temps de Louis XIII, en fer ciselé, à figures et ornements, remarquable par le soin apporté à son exécution et sa belle conservation.

31 — Dague à lame striée repercée à jour et à poignée ciselée à côtes.

32 — Pulvérin en fer, cannelé et enrichi d'un écusson armorié avec couronne ciselée et rapportée; XVIe siècle.

33 — Deux grands chenets ou landiers à potences et fronton en fer forgé, orné de fleurs et de rinceaux. Epoque Louis XIII.

34 — Belle clef du temps de Louis XV, en fer, à vase, fleurs et ornements rocaille, finement ciselés.

35 — Autre clef en fer à ornements gravés.

36 — Autre clef en fer à tête unie et dont le canon renferme un stylet.

37 — Applique en cuivre portant en relief le chiffre A L soutenu par deux cariatides de génies et surmonté de deux dauphins ainsi que de la couronne royale, ciselés.

38 — Flambeau à tige surmontée d'une fleur de lys en cuivre et à branche à charnière en fer.

BRONZES D'AMEUBLEMENT

39 — Très-beau cartel de la fin du règne de Louis XV, en bronze ciselé et doré, enrichi de mascarons, de branches de lauriers et surmonté d'un vase à deux anses. Mouvement de Charles Rey, à Paris.

40 — Cartel du temps de Louis XVI, en bronze ciselé et doré, orné de bustes de femmes sur les côtés, et surmonté d'un vase et de festons de lauriers. Mouvement de Frédéric Duval, à Paris.

41 — Deux jolis bras de cheminée du temps de Louis XVI, en bronze doré à deux lumières et surmontés d'un vase.

42 — Deux jolis petits chenets du temps de Louis XVI, en bronze doré, formés de sphinx sur socles carrés finement ciselés. Les socles sont de travail moderne.

43 — Petite pendule du temps de Louis XVI, en bronze doré et marbre blanc.

44 — Deux flambeaux Louis XIII en cuivre poli.

45. — Deux boutons de porte en bronze doré, du temps de Louis XVI, composés de deux dauphins enroulés.

MEUBLES ET PANNEAUX

EN BOIS SCULPTÉ

46 — Grand meuble à deux corps et à quatre portes en bois sculpté, orné de colonnettes détachées et de bustes en haut-relief. Travail flamand.

47 — Petit coffre en bois sculpté, à ornements; xvie siècle.

48 — Stalle en bois sculpté, enrichie d'incrustations, et bras supportés par de forts balustres; xvie siècle.

49 — Grand meuble à deux corps en bois sculpté. Travail flamand.

50 — Deux beaux bas-reliefs en pierre, représentant dans des médaillons ronds un buste de guerrier casqué et une tête de femme. Beau travail du xvi° siècle.

51 — Cinq panneaux gothiques fleurdelisés, provenant d'un coffre, en bois de chêne.

52 — Devant de bahut du xv° siècle en bois sculpté, à ornements gothiques, dauphins blasons de France et de Bretagne, surmontés de la couronne royale.

53 — Autre devant de bahut en poirier sculpté, entièrement couvert de figures et d'ornements. Il représente des scènes de chasse et de mariage, tirées du roman de la *Rose; xv°* siècle. Pièce remarquable et dans un très-bel état de conservation.

54 — Coffret de forme rectangulaire en bois de chêne, présentant sur sa face deux écussons armoriés, sculptés en relief. Il a conservé ses ferrures du temps; xv° siècle.

55 — Beau panneau provenant d'un devant de bahut en bois sculpté, représentant trois figures allégoriques debout, sous des arceaux à plein cintre; xvi° siècle.

56 — Bas-relief représentant Proserpine offrant un sacrifice; xvi° siècle.

57 — Deux beaux panneaux en bois de chêne sculpté, du temps de Louis XIV, enrichis de fleurs de lys.

58 — Belle boiserie de chambre du temps de Louis XIV, à
ornements très-fins, sculptés sur bois de chêne. Treize
morceaux.

59 — Charmant petit cadre du temps de Louis XIV, en bois
très-finement sculpté, à ornements et doré.

60 — Deux jolis cadres à moulures dorées, surmontés d'un
riche écusson armorié et couronné, enrichis d'animaux
et d'ornements. Epoque Louis XVI.

MEUBLES DES XVII° ET XVIII° SIÈCLES

61 — Belle glace du temps de Louis XIV, dans un cadre
riche à compartiments en bois sculpté et doré, à pilastres, rinceaux et ornements.

62 — Belle console du temps de Louis XIV en bois sculpté et
doré, reposant sur quatre pieds reliés par un entrejambes
à **X**. Dessus de marbre.

63 — Petite table ronde, sur pied à balustre et à trois con-
soles en bois sculpté et doré. Epoque Louis XIV.

64 — Belle chaise du temps de Louis XIII en bois sculpté et
doré.

65 — Bel écran à deux faces en bois de noyer finement

sculpté, à fleurs et ornements. Un feston de fleurs s'enroule autour de la moulure. Epoque de la régence.

66 — Console à trois places en bois sculpté et doré, compo-
sée de trois mascarons reliés entre eux par des rinceaux.

67 — Petite pendule Louis XV et son socle-support, en corne
verte, garnie d'ornements rocaille en bronze ciselé et surmontée d'un vase.

68 — Miroir carré avec cadre plaqué d'écaille et moulures
guillochées en ébène.

69 — Petit secrétaire en acajou du temps de Louis XVI,
garni de moulures très-fines en cuivre. Dessus de marbre
avec galerie à jour.

70 — Six fauteuils Louis XVI en bois sculpté et doré, re-
couverts en tapisserie d'Aubusson, à médaillons de
fleurs.

71. — Jolie pendule, dite religieuse, en écaille, garnie de
bronzes dorés. Le cadran, très-finement gravé, est enrichi
d'arceaux découpés. Mouvement de *Jerôme Martinot*,
orlogeur du Roy. Epoque Louis XIII.

TAPISSERIES ET ÉTOFFES

72 — Deux très-beaux panneaux en tapisserie des Gobelins,
représentant des groupes d'animaux et des oiseaux, ainsi
que des rinceaux élégants et des groupes de fruits et
de fleurs. Bordure à rinceaux et oves.

Haut., 2^m,98; larg., 2^m,90.

73 — Beau médaillon ovale en tapisserie de la Savonnerie.
Portrait du roi Louis XV, vu de trois quarts, portant le
manteau fleurdelisé et le grand cordon bleu de l'ordre
du Saint-Esprit. Dans un cadre riche en bois sculpté et
doré de l'époque. Ce médaillon a été exécuté par M. Duvivier, directeur de la manufacture, et d'après le tableau
de Van Loo, qui se trouve au musée du Louvre.

74 — Très-belle feuille d'écran en tapisserie des Gobelins,
représentant un groupe d'amours dans le style de Boucher, se détachant sur un fond rouge à fleurs. Cadre en
bois sculpté et doré. Très-belle conservation.

75 — Très-joli tapis de table en guipure, à figures d'animaux, fleurs et ornements. Belle conservation.

76 — Deux morceaux de velours à parterre.

77 — Trois pentes de lit en étoffe de soie jaune, garnies de
riches passementeries et de guipures de soie. Époque
Louis XIII.

78 — Beau tapis oriental à reflets veloutés et d'un joli dessin.

79 — Chasuble en étoffe tissée d'or, enrichie de bandes de tapisseries à la main représentant des sujets religieux ; xvi° siècle.

80 — Bande de tapisserie à la main provenant d'une chasuble du xvi° siècle.

81 — Quatre glands en soie rouge du temps de Louis XIV.

82 — Lot de passementeries anciennes.

TABLEAUX

83 — Deux dessus de portes représentant des sujets champêtres, dans le style de Boucher, peints en camaïeu bleu.

84 — Dessus de porte représentant un sujet analogue à ceux qui précèdent, mais en hauteur.

85-86 — Quatre autres panneaux provenant de la même suite que les tableaux qui précèdent. Ils seront vendus par deux.

87 — On vendra sous ce numéro les objets omis.

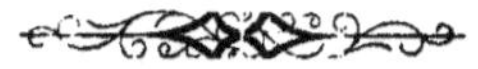

www.ingramcontent.com/pod-product-compliance
Lightning Source LLC
LaVergne TN
LVHW020852200726
843508LV00003B/1171